Der Kinderkreuzzug

Marcel Schwob

(Translator: Arthur Seiffhart)

Alpha Editions

This edition published in 2022

ISBN : 9789356780934

Design and Setting By
Alpha Editions
www.alphaedis.com
Email - info@alphaedis.com

Contents

DER KINDERKREUZZUG ....- 1 -
ERZÄHLUNG DES GOLIARD ....- 2 -
ERZÄHLUNG DES AUSSÄTZIGEN ....- 4 -
ERZÄHLUNG DES PAPSTES INNOCENZ III. ....- 7 -
ERZÄHLUNG DREIER KLEINER KINDER ....- 11 -
ERZÄHLUNG DES SCHREIBERS FRANÇOIS LONGUEJOUE ....- 13 -
ERZÄHLUNG DES KALANDARS ....- 15 -
ERZÄHLUNG DER KLEINEN ALLYS ....- 18 -
ERZÄHLUNG PAPST GREGORS IX. ....- 19 -

DER KINDERKREUZZUG

Circa idem tempus pueri sine rectore sine duce de universis omnium regionum villis et civitatibus versus transmarinas partes avidis gressibus cucurrerunt et dum quaereretur ab ipsis quo currerent, responderunt: Versus Jherusalem, quaerere terram sanctam. . . . Adhuc quo devenerint ignoratur. Sed plurimi redierunt, a quibus dum quaereretur causa cursus, dixerunt se nescire. Nudae etiam mulieres circa idem tempus nihil loquentes per villas et civitates cucurrerunt. . . .

ERZÄHLUNG DES GOLIARD

Ich armseliger Goliard, elender Pfaff, der ich in den Wäldern und auf den Landstraßen umherstreife, um im Namen unseres Heilandes mein tägliches Brot zu erbetteln, ich habe ein frommes Schauspiel gesehen und die Worte der kleinen Kinder gehört. Ich weiß, mein Leben ist nicht sehr heilig und ich habe den Versuchungen unter den Linden am Wege nicht widerstanden. Die Brüder, die mir Wein geben, sehen wohl, daß ich kaum gewöhnt bin, ihn zu trinken. Aber ich gehöre nicht zur Sekte derer, die verstümmeln. Es gibt böse Menschen, die den Kleinen die Augen ausstechen, ihnen die Beine absägen und die Hände binden, um sie auszustellen und Mitleid mit ihnen zu erwecken. Und deshalb habe ich Furcht, wenn ich alle diese Kinder sehe. Sicher wird sie unser Heiland beschützen. Ich rede in den Tag hinein, denn Freude erfüllt mich. Ich freue mich über den Frühling und über alles, was ich gesehen habe. Mein Geist ist nicht sehr stark. Ich erhielt die Tonsur, als ich zehn Jahre alt war und habe die lateinischen Worte vergessen. Ich bin wie die Heuschrecke; denn ich springe hierhin und dorthin und summe, und manchmal öffne ich bunte Flügel, und mein kleiner Kopf ist durchsichtig und leer. Man sagt, daß St. Johannes sich in der Wüste von Heuschrecken nährte. Man müßte viel davon essen. Aber St. Johannes war nicht ein Mensch wie wir.

Ich bewundere St. Johannes, denn er irrte umher und redete ohne Unterlaß. Mir scheint, seine Worte hätten milder sein sollen. Auch der Frühling ist mild in diesem Jahr. Niemals hat es so viele weiße und rote Blumen gegeben. Die Wiesen sind frisch gewaschen. Überall auf den Hecken glänzt das Blut unseres Heilandes. Unser Herr Jesus ist weiß wie eine Lilie, aber sein Blut ist rot. Warum? Ich weiß nicht. Auf irgendeinem Pergament muß es geschrieben stehen. Wenn ich Schreiben gelernt hätte, würde ich Pergament haben und würde darauf schreiben. Dann könnte ich jeden Abend sehr gut essen. Ich ginge in die Klöster und betete für die toten Brüder und schriebe ihre Namen auf meine Rolle. Ich würde meine Totenrolle von einer Abtei zur anderen tragen. Das ist etwas, was unseren Brüdern gefällt. Aber ich kenne die Namen meiner toten Brüder nicht; vielleicht sorgt sich unser Heiland auch nicht darum, sie zu erfahren. Mir schien, als ob alle diese Kinder keine Namen hätten. Und es ist sicher, daß unser Herr Jesus sie liebt. Sie erfüllten die Landstraße wie ein Schwarm weißer Bienen.

Ich weiß nicht, woher sie kamen. Es waren ganz kleine Pilger. Als Pilgerstäbe hatten sie Hasel- und Birkenstöcke. Auf den Schultern trugen sie das Kreuz; und alle diese Kreuze hatten andere Farben. Ich sah grüne, die wohl aus aufgenähten Blättern gemacht waren. Es sind wilde, unwissende Kinder, Ich weiß nicht, wohin sie irren. Sie glauben an Jerusalem. Ich denke, Jerusalem muß weit sein und unser Heiland muß näher bei uns sein. Sie werden nicht nach Jerusalem kommen. Aber Jerusalem wird zu ihnen kommen. Wie zu mir auch. Das Ziel aller heiligen Dinge liegt in der Freude. Unser Heiland ist hier, auf diesem Rotdorn, auf meinem Munde und in meiner armen Rede. Denn ich denke an ihn, und seine Grabstätte ist in meinen Gedanken. Amen. Ich will hier in der Sonne schlafen gehen. Dies ist eine heilige Stätte. Die Füße unseres Heilandes haben alle Orte geheiligt. Ich will schlafen. Jesus, laß am Abend alle diese kleinen weißen Kinder schlafen, die das Kreuz tragen. Wahrhaftig, ich sage es ihm. Ich bin sehr schläfrig. Ich sage es ihm wirklich, denn vielleicht hat er sie gar nicht gesehen und er muß doch über die kleinen Kinder wachen. Die Mittagsstunde drückt auf mich. Alle Dinge sind weiß. Amen.

ERZÄHLUNG DES AUSSÄTZIGEN

Wenn ihr verstehen wollt, was ich euch erzählen werde, so wisset zuvor, daß mein Haupt von einer weißen Kapuze umhüllt ist und daß ich eine Klapper aus hartem Holze schwinge. Ich weiß nicht mehr, wie mein Gesicht aussieht, aber ich fürchte mich vor meinen Händen; sie laufen vor mir her wie schuppige, fahle Tiere. Ich möchte sie abschneiden. Ich schäme mich vor dem, was sie berühren. Mir ist, als ob sie die roten Früchte, die ich pflücke, absterben lassen, und die armseligen Wurzeln, die ich ausreiße, scheinen welk zu werden unter ihrem Griff. *Domine ceterorum libera me!* Der Heiland hat nicht meine bleiche Sünde gesühnt. Ich bin vergessen bis zur Auferstehung. Wie die Kröte, die beim kalten Licht des Mondes in einen dunklen Stein eingeschlossen wird, so werde ich in meiner scheußlichen Höhle eingeschlossen bleiben, wenn die anderen mit ihrem lichten Körper auferstehen. *Domine ceterorum fac me liberum, leprosus sum!* Ich bin einsam und mir graust. Meine Zähne allein haben ihre natürliche Weiße bewahrt. Die Tiere haben Furcht vor mir und meine Seele möchte fliehen. Der Tag stiehlt sich von mir weg. Zwölfhundert und zwölf Jahre ist es her, daß der Heiland sie erlöst hat, und mit mir hat er kein Mitleid gehabt. Ich wurde nicht berührt mit dem blutigen Speer, der ihn durchbohrt hat. Das Blut des Heilandes der anderen hätte mich vielleicht geheilt. Ich denke oft an Blut; mit meinen Zähnen könnte ich beißen; sie sind unversehrt. Da Er es mir nicht geben wollte, so habe ich die Gier, den zu packen, der Ihm gehört. Deshalb lauerte ich den Kindern auf, die von der Vendôme nach diesem Walde der Loire herabkamen. Sie trugen Kreuze und waren Ihm ergeben. Ihre Körper waren Sein Körper, und er hat mich nicht eines Körpers teilhaftig werden lassen. Ich bin auf Erden von einer bleichen Verdammnis umgeben. Ich habe mich auf die Lauer gelegt, um aus dem Halse eines seiner Kinder unschuldiges Blut zu saugen. *Et caro nova fiet in die irae.* Am jüngsten Tage werde ich einen neuen Leib bekommen.

Und hinter den anderen ging ein frisches Kind mit rotem Haar. Ich faßte es ins Auge und sprang plötzlich hervor; ich ergriff seinen Mund mit meinen scheußlichen Händen. Es war nur mit einem härenen Hemde bekleidet; seine Füße waren bloß und seine Augen blieben sanft. Und es betrachtete mich ohne Erstaunen. Als ich bemerkte, daß es nicht schreien würde, ergriff mich der Wunsch, einmal eine menschliche Stimme zu hören. Ich zog meine Hände von seinem Munde zurück, und es wischte sich nicht seinen Mund ab. Und seine Augen schienen anderweit zu weilen.

„Wer bist du?“ fragte ich.

„Johannes der Deutsche“, antwortete das Kind. Und seine Worte klangen hell und wohltuend.

„Wo gehst du hin?“ fragte ich weiter.

Und das Kind antwortete: „Nach Jerusalem, das heilige Land zu erobern!“

Ich lachte und fragte: „Wo liegt Jerusalem?“

Und das Kind antwortete: „Ich weiß nicht.“

Und ich fragte weiter: „Was ist Jerusalem?“

Und das Kind antwortete: „Es ist unser Heiland!“

Da begann ich von neuem zu lachen, und ich fragte: „Wie ist dein Heiland?“

Und das Kind antwortete: „Ich weiß nicht; er ist weiß!“

Und dieses Wort brachte mich in Wut und unter meiner Kapuze öffnete ich meine Zähne und beugte mich zu seinem frischen Halse. Das Kind aber wich nicht zurück und ich sprach zu ihm: „Warum hast du keine Furcht vor mir?“

Und das Kind sagte: „Warum sollte ich Furcht vor dir haben, weißer Mann?“

Da brach ich in Tränen aus, und ich warf mich auf den Boden und ich küßte die Erde mit meinen scheußlichen Lippen und schrie:

„Weil ich aussätzig bin!“

Und das deutsche Kind betrachtete mich und sprach mit heller Stimme: „Ich weiß nicht.“

Es hatte keine Furcht vor mir! Es hatte keine Furcht vor mir! Meine gräßliche Weiße galt ihm gleich der seines Heilandes. Und ich nahm eine Handvoll Gras und wischte seinen Mund und seine Hände ab. Und ich sprach zu ihm: „Zieh’ in Frieden zu deinem weißen Heiland und sage ihm, daß er mich vergessen hat.“

Und das Kind betrachtete mich, ohne etwas zu sagen. Ich habe es begleitet, bis es aus der Finsternis dieses Waldes heraus war. Es wanderte, ohne zu zittern. Weit hinten im Sonnenschein sah ich sein rotes Haar verschwinden. *Domine infantium, libera me!* O, daß der Ton meiner Holzklapper bis zu Dir dringe, wie der reine Klang der Glocken. Herr derer, die nicht wissen, erlöse mich!

ERZÄHLUNG DES PAPSTES INNOCENZ III.

Weit vom Weihrauch und den Meßgewändern kann ich sehr leicht mit Gott reden in dieser schmucklosen Kammer meines Palastes. Hierher komme ich, um an mein Alter zu denken, ohne daß mir die Arme gestützt werden. Während der Messe erhebt sich mein Herz, und mein Körper strafft sich; das Funkeln des geweihten Weines erfüllt meine Augen, und mein Geist ist gesalbt mit den kostbaren Ölen; aber an diesem einsamen Ort meiner Kirche darf ich mich unter meiner irdischen Ermüdung beugen. *Ecce homo!* Denn durch den Prunk der Hirtenbriefe und Bullen kann die Stimme seiner Priester wahrlich nicht bis zum Herrn dringen und sicherlich gefallen ihm weder Purpur, noch Kleinodien, noch Bilder; aber in dieser kleinen Zelle hat er vielleicht Mitleid mit meinem unvollkommenen Gestammel. O Herr, ich bin sehr alt, sieh mich hier weißgekleidet vor Dir. Mein Name ist Innocenz, und Du weißt, daß ich nichts weiß. Verzeihe mir mein Papsttum, denn es ist eingesetzt worden, und ich erdulde es. Nicht ich habe seine Ehrungen befohlen. Ich sehe Deine Sonne lieber durch diese runde Scheibe, als in dem prächtigen Widerschein meiner Kirchenfenster. Laß mich seufzen wie andere Greise und Dir dieses bleiche, gefurchte Antlitz zuwenden, das ich mühsam aus den Wogen der ewigen Nacht erhebe. Die Ringe gleiten von meinen dürren Fingern, so wie die letzten Tage meines Lebens dahingleiten.

Mein Gott! Ich bin Dein Stellvertreter hier, und ich strecke Dir meine hohle Hand entgegen, voll des reinen Weines Deines Glaubens. Es gibt große Verbrechen. Es gibt sehr große Verbrechen. Wir können von ihnen lossprechen. Es gibt große Ketzereien. Es gibt sehr große Ketzereien. Wir müssen sie unerbittlich bestrafen. In dieser Stunde, da ich vor Dir kniee, weiß, in dieser weißen, schmucklosen Zelle, leide ich, o Herr, unter einer großen Angst, denn ich weiß nicht, ob Richten über Verbrechen und Ketzereien zu meinem prunkhaften Papsttum gehört oder in diese, durch einen kleinen Lichtkreis erhellte Zelle, in der ein alter Mann schlicht die Hände faltet. Und ich bin auch unruhig wegen deiner Grabstätte; sie ist immer noch von Ungläubigen umgeben. Man hat sie ihnen noch nicht abnehmen können. Niemand hat Dein Kreuz nach dem Heiligen Lande getragen. Wir sind in Untätigkeit versunken. Die Ritter haben ihre Waffen niedergelegt und die Könige können nicht mehr befehlen. Und ich, Herr, klage mich an und schlage gegen meine Brust: ich bin zu schwach und zu alt.

Jetzt, Herr, höre auf dies zitternde Flüstern, das aus dieser kleinen Zelle meiner Kirche zu Dir dringt und rate mir. Seltsame Nachrichten haben mir meine Diener gebracht, von Flandern und Deutschland bis zu den Städten Marseille und Genua. Unbekannte Sekten entstehen. Durch die Städte hat man nackte Frauen laufen sehen, die nicht redeten. Diese stummen schamlosen Weiber zeigten empor zum Himmel. Mehrere Wahnsinnige haben auf den Märkten den nahen Untergang gepredigt. Die Einsiedler und umherziehenden Mönche sind voller Aufregung. Und mehr als siebentausend Kinder sind, ich weiß nicht durch welche Zauberei, aus den Häusern gelockt worden. Siebentausend befinden sich auf der Landstraße und tragen das Kreuz und den Pilgerstab. Sie haben nichts zu essen; sie haben keine Waffen, sie sind unfähig und machen uns Schande. Sie verstehen nichts von jeder wirklichen Religion. Meine Diener haben sie befragt. Sie antworten, daß sie nach Jerusalem gehen, um das Heilige Land zu erobern. Meine Diener haben ihnen gesagt, daß sie nicht über das Meer kommen würden. Sie antworteten, das Meer würde sich teilen und austrocknen, um sie hindurchzulassen. Die guten Eltern, die fromm und klug sind, bemühen sich, sie zurückzuhalten. Sie aber zerbrechen die Riegel bei Nacht und übersteigen die Mauern. Viele sind Söhne von Adligen und Kurtisanen. Es ist ein Jammer. Herr, alle diese Unschuldigen werden dem Schiffbruch und den Anbetern Mohammeds preisgegeben. Ich sehe, wie der Sultan von Bagdad von seinem Palast aus nach ihnen späht. Ich zittre davor, daß die Seeleute sich ihrer Leiber bemächtigen, um sie zu verkaufen.

Herr, erlaube mir, mit Dir zu reden nach den Geboten der Religion. Dieser Kreuzzug der Kinder ist kein frommes Werk. Mit ihm kann man nicht das heilige Grab für die Christenheit gewinnen. Er vermehrt die Zahl der Landstreicher, die an der Grenze des erlaubten Glaubens herumirren. Unsere Priester können ihn nicht beschützen. Wir müssen glauben, daß diese armen Geschöpfe vom Bösen besessen sind. Sie laufen herdenweise auf den Abgrund zu wie die Säue im Gebirge. Wie du weißt, Herr, bemächtigt sich der Böse gern der Kinder. Einst erschien er in Gestalt eines Rattenfängers und lockte mit dem Klange seiner Pfeife alle Kleinen aus der Stadt Hameln. Wie manche erzählen, ertranken alle diese Unglücklichen im Weserfluß; andere behaupten, daß er sie im Innern eines Berges einschloß. Du mußt befürchten, daß Satan alle unsere Kinder den Martern derer entgegenführt, die nicht unseren Glauben haben. Herr, du weißt, daß es nicht gut ist, wenn der Glauben sich neugestaltet. Sobald er im feurigen Dornbusch erschien, ließest Du ihn im Tabernakel einschließen. Und als er Deinen Lippen auf Golgatha entfloh, befahlst Du, daß er in den Kelch und die Monstranz eingeschlossen werde. Diese kleinen Propheten werden das Gebäude Deiner Kirche erschüttern. Das muß ihnen verboten werden. Willst Du die empfangen, die nicht wissen, was sie tun, ohne Rücksicht auf Deine Geweihten, die in Deinem Dienst ihre Chorhemden und Stolen trugen, die den schweren Versuchungen widerstanden, um Dich zu gewinnen? Wir müssen die Kindlein zu Dir kommen lassen, aber auf dem Wege Deines Glaubens. Herr, ich spreche mit Dir nach Deinen Geboten. Diese Kinder werden umkommen. Laß es nicht geschehen, daß unter Innocenz ein neues Blutbad unter den Unschuldigen stattfindet.

Vergib mir jetzt, mein Gott, daß ich unter der Tiara Dich um Rat gefragt habe. Mich ergreift die Greisenschwäche. Betrachte meine armen Hände . . Ich bin ein sehr alter Mann. Mein Glaube ist nicht wie der der ganz Kleinen. Das Gold dieser Zellenwände ist durch die Zeit verblichen; sie sind weiß. Der Schein Deiner Sonne ist weiß. Auch mein Kleid ist weiß, und mein verdorrtes Herz ist rein. Ich habe nach Deinem Gebot gesprochen. Es gibt Verbrechen. Es gibt sehr große Verbrechen. Es gibt Ketzereien. Es gibt sehr große Ketzereien. Mein Haupt zittert vor Schwäche: vielleicht darf man weder strafen noch lossprechen. Das vergangene Leben macht uns in unseren Entschlüssen schwanken. Ich habe nie ein Wunder gesehen. Erleuchte mich. Ist dieses ein Wunder? Welch Zeichen hast Du ihnen gegeben. Ist die Zeit gekommen? Willst Du, daß ein sehr alter Mann, wie ich, gleich sei in seiner Weiße Deinen kleinen arglosen Kindern? Siebentausend! Wenn auch ihr Glaube unwissend ist, willst Du die Unwissenheit von siebentausend Unschuldigen bestrafen? Auch ich werde Innocenz, der Unschuldige, genannt. Herr, ich bin unschuldig wie sie. Bestrafe mich nicht in meinem hohen Alter. Die langen Jahre meines Lebens haben mich gelehrt, daß diese Herde von Kindern keinen Erfolg haben kann. Ist dies dennoch ein Wunder, Herr? Meine Zelle bleibt friedlich, wie bei anderen Andachten. Ich weiß, es ist nicht nötig, Dich anzuflehen, damit Du Dich offenbarst. Aber ich flehe zu Dir von der Höhe meines Greisenalters, von der Höhe Deines Papsttums. Belehre mich, denn ich weiß nicht. O Herr, es sind Deine kleinen Unschuldigen. Und ich, Innocenz, ich weiß nicht, ich weiß nicht.

ERZÄHLUNG DREIER KLEINER KINDER

Wir drei, Nikolaus, der nicht sprechen kann, Alain und Denis, sind hinausgezogen auf die Landstraßen, um nach Jerusalem zu ziehen. Schon lange laufen wir. Weiße Stimmen riefen uns in der Nacht. Sie riefen alle kleinen Kinder. Sie waren wie die Stimmen der Vögel, die im Winter starben. Und zuerst haben wir viele arme Vögel gesehen, die ausgestreckt auf dem gefrorenen Erdboden lagen, viele kleine Vögel mit roten Kehlen. Dann haben wir die ersten Blumen und die ersten Blätter gesehen und wir haben daraus Kreuze geflochten. Wir haben vor den Dörfern gesungen, wie wir es sonst immer zum neuen Jahre taten. Und alle Kinder kamen zu uns gelaufen. Und wir sind weitergezogen wie eine Herde. Da waren Männer, die uns fluchten, weil sie nicht den Heiland kannten. Frauen gab es, die uns am Arme festhielten und uns ausfragten und unsere Gesichter mit Küssen bedeckten. Und es gab auch gute Seelen, die uns Holznäpfe mit warmer Milch und Früchte brachten. Und alle Leute hatten Mitleid mit uns. Denn sie wissen nicht, wohin wir gehen und sie haben die Stimmen nicht gehört.

Auf der Erde gibt es dichte Wälder und Flüsse und Gebirge und Wege voller Dornen. Und am Ende der Erde ist das Meer, über das wir bald fahren werden. Und am Ende des Meeres liegt Jerusalem. Wir haben weder Führer noch Wegweiser. Nikolaus läuft wie wir, Alain und Denis, obwohl er nicht sprechen kann, und alle Länder sind gleich und gleich gefährlich für Kinder. Überall gibt es dichte Wälder und Flüsse und Gebirge und Dornen. Aber überall werden die Stimmen mit uns sein. — Bei uns ist ein Kind, das Eustachius heißt; es ist blind geboren. Es hält die Arme immer ausgebreitet und lächelt. Wir sehen nicht mehr als er. Ein kleines Mädchen führt ihn und trägt sein Kreuz. Sie heißt Allys. Sie spricht niemals und weint niemals. Sie richtet ihre Augen immer auf die Füße Eustachius', um ihn zu halten, wenn er strauchelt. Wir lieben alle beide. Eustachius wird die heiligen Lampen des Grabes nie sehen können. Aber Allys wird seine Hände nehmen, um mit ihnen die Steine des Grabes zu berühren.

O, wie schön sind die Dinge auf der Erde. Wir erinnern uns an nichts, weil wir nie etwas gelernt haben. Doch wir haben alte Bäume und rote Felsen gesehen. Manchmal gehen wir lange durch die Finsternis. Manchmal laufen wir bis zum Abend über helle Wiesen.

Wir haben Jesu Namen in Nikolaus' Ohren gerufen, so daß er ihn gut kennt. Aber er kann ihn nicht nennen. Er freut sich mit uns über das, was wir sehen. Denn seine Lippen können sich zum Lachen öffnen und er streichelt unsere Schultern. Und so sind sie gar nicht unglücklich; denn Allys wacht über Eustachius und wir, Alain und Denis, wachen über Nikolaus.

Man sagte uns, daß wir in den Wäldern Menschenfresser und Werwölfe treffen würden. Das sind Lügen. Niemand hat uns erschreckt; niemand hat uns ein Leid getan. Die Einsiedler und die Kranken kommen, uns zu sehen, und die alten Frauen zünden für uns Lichter in den Hütten an. Man läßt für uns die Kirchenglocken läuten. Die Bauern erheben sich von den Äckern, um uns zu erspähen. Auch die Tiere betrachten uns und laufen nicht fort. Und seit wir unterwegs sind, ist die Sonne wärmer geworden und wir pflücken nicht mehr dieselben Blumen. Aber alle Stengel lassen sich in derselben Form flechten und unsere Kreuze sind immer frisch. So ist unsere Hoffnung groß und bald werden wir das blaue Meer sehen. Und am Ende des blauen Meeres liegt Jerusalem. Und der Heiland wird alle kleinen Kinder zu seinem Grabe kommen lassen und die weißen Stimmen in der Nacht werden fröhlich sein.

ERZÄHLUNG DES SCHREIBERS FRANÇOIS LONGUEJOUE

Heute, am fünfzehnten Tage des Monats September, im Jahre zwölfhundertundzwölf nach der Fleischwerdung unseres Herrn, sind in die Kanzlei meines Herrn Hugues Ferré mehrere Kinder gekommen, die verlangen, über das Meer zu fahren, um das heilige Grab aufzusuchen. Und weil genannter Ferré nicht genug Handelsschiffe im Hafen von Marseille hat, so hat er angeordnet, daß ich Meister Guillaume Porc bitte, er solle die Anzahl vervollständigen. Die Meister Hugues Ferré und Guillaume Porc werden um unseres Heilandes Jesu Christi willen die Schiffe bis zum heiligen Lande führen. Es sind augenblicklich um die Stadt Marseille mehr als siebentausend Kinder versammelt, von denen einige welsche Sprachen reden. Die Ratsherren fürchteten mit Recht den Ausbruch einer Hungersnot und haben sich im Rathause versammelt, wohin sie nach geschehener Beratung unsere obengenannten Meister befohlen haben, um sie zu ermahnen und dringend zu bitten, eilends die Schiffe zu schicken. Das Meer ist jetzt wegen der Tag- und Nachtgleiche sehr bewegt, aber es ist zu bedenken, daß ein so großer Zustrom für unsere gute Stadt sehr gefährlich werden kann, um so mehr, als alle diese Kinder durch die Länge des Weges ausgehungert sind und nicht wissen, was sie tun. Ich habe es den Seeleuten im Hafen bekannt gegeben und die Schiffe bemannen lassen. Zur Vesperstunde wird man sie ins Wasser ziehen können. Das Kinderheer ist nicht in der Stadt, sondern alle laufen am Strande herum und sammeln Muscheln als Abzeichen für die Reise und man sagt, daß sie sich über die Seesterne wundern und denken, sie seien lebend vom Himmel gefallen, um ihnen den Weg zum Heiland zu weisen. Das ist, was ich über dieses außergewöhnliche Ereignis zu sagen habe: erstens, daß es wünschenswert ist, daß Meister Hugues Ferré und Guillaume Porc schnell diese fremde, unruhige Menge aus unserer Stadt führen; zweitens, daß der Winter sehr hart war, wodurch die Erde in diesem Jahr arm ist, was die Herren Kaufleute genau wissen; drittens, daß die Kirche gar nicht von der Absicht dieser vom Norden kommenden Herde unterrichtet war, und daß sie sich nicht um die Torheit einer kindischen Schar *(turba infantium)* kümmern wird. Und man muß Meister Hugues Ferré und Guillaume Porc loben wegen der Liebe, mit der sie unserer guten Stadt zugetan sind, wie auch wegen der

Ergebenheit für unseren Heiland, indem sie ihre Schiffe schicken und sie begleiten zu dieser Zeit der Tag- und Nachtgleiche und trotz der großen Gefahr, durch die Ungläubigen angegriffen zu werden, die auf ihren Feluken von Algier und Bugia aus Seeräuberei auf unserem Meer treiben.

ERZÄHLUNG DES KALANDARS

Ruhm sei Gott! Gelobt sei der Prophet, der mir erlaubt hat, arm zu sein und den Herrn anrufend durch die Städte zu irren. Dreifach gesegnet seien die heiligen Begleiter Mohammeds, die den göttlichen Orden errichteten, dem ich angehöre! Denn ich gleiche ihm, der mit Steinwürfen aus der Stadt gejagt wurde, die so ehrlos ist, daß ich sie nicht nennen will und der in einen Weinberg flüchtete, wo ein Christensklave sich seiner erbarmte und ihm Trauben gab, und als der Tag sich neigte, durch die Worte des Glaubens bewegt wurde. Gott ist groß! Ich habe die Städte Mossul, Bagdad und Basrah durchquert, ich habe Salaed-Din (seine Seele ruhe in Gott) und seinen Bruder, den Sultan Seif-ed-Din gekannt und ich habe den Beherrscher der Gläubigen gesehen. Ich kann sehr gut von dem wenigen Reis, den ich mir erbettele, leben, und von dem Wasser, das man in meine Kalebasse gießt. Ich achte darauf, daß mein Körper rein ist. Aber die größte Reinheit herrscht in meiner Seele. Es steht geschrieben, daß der Prophet, ehe er berufen wurde, auf dem Erdboden in einen tiefen Schlaf fiel. Und zwei weiße Männer stiegen herab und standen zur Rechten und zur Linken seines Leibes. Und der weiße Mann zur Linken schnitt seine Brust mit einem goldenen' Messer auf, nahm das Herz und drückte das schwarze Blut heraus. Und der weiße Mann zur Rechten schnitt ihm mit einem goldenen Messer den Bauch auf, zog die Eingeweide heraus und reinigte sie. Und sie brachten die Eingeweide wieder an ihren Platz und von nun an war der Prophet rein, um den Glauben zu verkündigen. Dieses ist eine übermenschliche Reinheit, die vor allem den himmlischen Wesen zukommt. Jedoch auch die Kinder sind rein. Solcherart war die Reinheit, welche die Prophetin zu erzeugen wünschte, als sie den Strahlenkranz bemerkte, der das Haupt des Vaters des Propheten umgab und versuchte, sich mit ihm zu vereinen. Aber der Vater des Propheten vereinigte sich mit seinem Weibe Aminah und der Strahlenkranz verschwand von seiner Stirn und die Prophetin erkannte so, daß Aminah soeben ein reines Wesen empfangen hatte. Ruhm sei Gott, welcher reinigt! Hier, unter der Vorhalle dieses Basars, kann ich ruhen und ich werde die Vorübergehenden grüßen. Hier hocken reiche Tuch- und Juwelenhändler. Hier ist ein Kaftan, der gut tausend Denare wert ist. Ich brauche kein Geld und bin frei wie ein Hund. Ruhm sei Gott! Ich erinnere mich jetzt, da ich im Schatten bin, des Anfangs meiner Rede. Zuerst spreche ich von Gott (es gibt keinen Gott außer Gott), und von unserem heiligen Propheten, der den Glauben offenbarte, denn dies ist der Ursprung aller Gedanken, ob sie dem Munde entquellen oder mit dem Schreibrohr geschrieben sind. Zu zweit betrachte ich die Reinheit, mit der Gott die Heiligen und die Engel begnadet hat. Und drittens denke ich nach über die Reinheit der Kinder. Ich sah vor kurzem eine große Schar Christenkinder, die der Beherrscher der Gläubigen gekauft hat. Ich habe sie auf der großen Landstraße gesehen. Sie liefen wie eine Herde Hammel. Man sagt, daß sie von Ägypten kommen und daß die Schiffer der Franken sie dorthin gebracht haben. Sie waren vom Satan besessen und versuchten, das Meer zu überqueren, um nach Jerusalem zu kommen. Ruhm sei Gott! Er hat nicht erlaubt, daß eine so große Grausamkeit vollendet wurde. Denn die armen Kinder wären unterwegs gestorben, da sie weder Beistand noch Lebensmittel hatten. Sie sind ganz unschuldig. Und als ich sie sah, habe ich mich zur Erde geworfen und mit der Stirn auf den Boden geschlagen und habe den Herrn mit lauter Stimme gelobt. Jetzt will ich erzählen, wie diese Kinder aussahen. Sie waren weiß gekleidet und trugen Kreuze auf ihre Kleider genäht. Sie schienen nicht zu wissen, wo sie sich befanden und schienen nicht traurig zu sein. Ihre Augen sind beständig ins Weite gerichtet. Ich habe eins von ihnen bemerkt, das blind war und von einem kleinen Mädchen an der Hand geführt wurde. Viele haben rotes Haar und grüne Augen. Es sind Franken, die dem Kaiser von Rom gehören. Sie sind irrgläubig und beten den Propheten Jesus an. Der Irrtum dieser Franken ist offenbar. Denn erstens ist es durch die Schriften und Wunder bewiesen, daß es kein Wort gibt außer dem Mohammeds. Weiter erlaubt uns Gott täglich, ihn zu rühmen und unseren Lebensunterhalt zu suchen und er befiehlt seinen Gläubigen, unseren Orden zu beschützen. Auch hat er den Kindern den Scharfblick versagt, denn sie sind ausgezogen aus einem fernen Lande, verführt durch Iblis, und er hat sich nicht offenbart, um sie zu warnen. Und hätten sie nicht das Glück gehabt, in die Hände der Gläubigen zu fallen, so wären sie von den Feueranbetern gefangen genommen und in tiefe Keller eingeschlossen worden. Und diese Verfluchten hätten sie ihrem menschenfressenden, abscheulichen Götzen geopfert. Gelobt sei unser Gott, der alles wohl tut, was er tut und der selbst die beschützt, die nicht an ihn glauben. Gott ist groß! Ich werde jetzt meinen Reis im Laden dieses Goldschmiedes fordern und meine Verachtung des Reichtums verkündigen. Wenn es Gott gefällt, werden alle diese Kinder durch den Glauben gerettet werden.

ERZÄHLUNG DER KLEINEN ALLYS

Ich kann nicht mehr gut laufen, weil wir in einem heißen Lande sind, wohin uns zwei schlechte Männer aus Marseille geführt haben. Und zuerst wurden wir an einem finsteren Tage mitten unter Blitzen auf dem Meere hin und her geschüttelt. Aber mein kleiner Eustachius hatte keine Furcht, denn er sah nichts und ich hielt seine beiden Hände. Ich liebe ihn sehr und bin seinetwegen hierher gekommen. Denn ich weiß nicht, wohin wir gehen. Wir sind schon so lange Zeit fort. Die anderen erzählten uns von der Stadt Jerusalem, die am Ende des Meeres liegt und von unserem Heiland, der dort sei, um uns zu empfangen. Und Eustachius kannte unseren Herrn Jesus gut, aber er wußte nicht, was Jerusalem ist, noch was eine Stadt oder das Meer ist. Er ist fortgegangen, um Stimmen zu gehorchen und er hörte sie in jeder Nacht. Er hörte sie in der Nacht, weil es dann still ist, denn er kann die Nacht nicht vom Tage unterscheiden. Und er fragte mich wegen dieser Stimmen, aber ich konnte ihm nichts sagen. Ich weiß nichts und ich habe nur Kummer Eustachius' wegen. Wir gingen immer mit Nikolaus, Alain und Denis zusammen; aber sie sind auf ein anderes Schiff gestiegen und kein Schiff war mehr da, als die Sonne wieder aufging. Ach, was ist aus ihnen geworden? Wir werden sie wiederfinden, wenn wir bei unserem Heiland ankommen. Das ist noch sehr weit. Man spricht von einem großen König, der uns zu sich kommen läßt und der die Stadt Jerusalem beherrscht. In dieser Gegend ist alles weiß, die Häuser und die Kleider, und das Gesicht der Frauen ist von einem Schleier verhüllt. Der arme Eustachius kann diese Weiße nicht sehen, aber ich erzähle ihm davon, und er freut sich. Denn er sagt, das ist das Zeichen vom Ende. Der Herr Jesus Christus ist weiß. Die kleine Allys ist sehr müde, aber sie hält Eustachius bei der Hand, damit er nicht fällt und sie hat keine Zeit, an ihre Müdigkeit zu denken. Heute abend werden wir uns ausruhen und Allys wird wie immer nahe bei Eustachius schlafen und wenn die Stimmen uns nicht ganz verlassen haben, wird sie versuchen, sie in der hellen Nacht zu hören. Und sie wird Eustachius an der Hand halten bis zum weißen Ende der großen Reise, denn sie muß ihm den Heiland zeigen. Und ganz sicher wird der Heiland Mitleid mit der Geduld Eustachius' haben und wird erlauben, daß Eustachius ihn sieht. Und vielleicht wird dann Eustachius die kleine Allys sehen.

ERZÄHLUNG PAPST GREGORS IX.

Hier ist das mörderische Meer, das so unschuldig und blau erscheint. Seine Falten sind weich und es ist weiß umrandet, wie ein göttliches Kleid. Es ist ein flüssiger Himmel und seine Sterne leben. Ich denke darüber nach, auf diesem Felsenthron, auf den ich mich aus meiner Sänfte tragen ließ. Dieses Meer liegt wirklich inmitten der Länder der Christenheit. Das geweihte Wasser fließt hinein, in dem der Heiland die Sünde wusch. Über sein Gestade beugten sich die Gestalten aller Heiligen und es wiegte ihre durchsichtigen Spiegelbilder. Großes, gesalbtes, geheimnisvolles Meer, das weder Ebbe noch Flut hat, Wiege des Azurs, wie ein flüssiger Edelstein in das Erdenrund gebettet, ich befrage dich mit meinen Augen. O Mittelmeer, gib mir meine Kinder wieder! Warum hast du sie genommen? Ich habe sie nicht gekannt. Ihr frischer Atem hat mein Greisenalter nicht umhaucht. Sie kamen nicht, um mich mit ihren zarten, halbgeöffneten Lippen anzuflehen. Ganz allein, wie kleine Landstreicher voll außerordentlichen, ungestümen Glaubens, eilten sie nach dem gelobten Lande und wurden vernichtet. Von Deutschland und Flandern, von Frankreich, Savoyen und der Lombardei kamen sie zu deinen treulosen Wellen, heiliges Meer, undeutliche Worte der Anbetung murmelnd. Sie zogen bis zur Stadt Marseille. Sie zogen bis zur Stadt Genua. Und du trugst sie auf deinem breiten, schaumgekrönten Rücken in Schiffen davon; und du wandtest dich um und strecktest deine grünen Arme nach ihnen aus und hast sie behalten. Und die anderen hast du verraten, da du sie zu den Ungläubigen führtest; und jetzt seufzen sie als Gefangene der Anbeter Mohammeds in den Palästen des Orients.

Einst ließ dich ein hochmütiger König Asiens mit Ruten peitschen und mit Ketten beladen. O Mittelmeer, wer wird dir verzeihen? Du bist beklagenswert schuldig. Dich klage ich an, dich allein, deine Klarheit ist trügerisch, du bist ein schlechtes Spiegelbild des Himmels. Ich lade dich zur Verantwortung vor den Thron des Höchsten, dem alle geschaffenen Dinge untertan sind. Geweihtes Meer, was hast du an unseren Kindern getan? Hebe zu Ihm dein blaues Antlitz, strecke Ihm deine schaumbedeckten Finger entgegen; lächle dein unendliches purpurnes Lächeln; laß dein Rauschen sprechen und gib Ihm Rechenschaft.

Du bleibst stumm mit allen deinen Mündern, die zu meinen Füßen am Strande ersterben. In meinem Palast zu Rom gibt es eine alte schmucklose Zelle, die das Alter gebleicht hat wie ein Chorhemd. Papst Innocenz pflegte sich dorthin zurückzuziehen. Man behauptet, daß er dort lange Zeit über die Kinder und über ihren Glauben nachgedacht hat und daß er vom Herrn ein Zeichen forderte. Hier, von der Höhe dieses Felsenthrones, in freier Luft, erkläre ich, daß dieser Papst Innocenz selbst den Glauben eines Kindes hatte und daß er vergeblich sein müdes Haupt schüttelte. Ich bin viel älter als Innocenz, ich bin der Älteste aller Statthalter Gottes, die der Herr hier unten eingesetzt hat und ich beginne erst zu begreifen. Gott offenbart sich nicht. Hat er seinem Sohne am Ölberge beigestanden? Gab er ihn nicht preis in seiner höchsten Angst? O kindliche Torheit, seine Hilfe anzuflehen! Alles Übel und jede Versuchung wohnt nur in uns selbst. Er hat vollkommenes Vertrauen in das durch seine Hände geschaffene Werk. Und du hast sein Vertrauen verraten. Göttliches Meer, wundere dich nicht über meine Sprache. Alle Dinge sind gleich vor dem Herrn. Die stolze Vernunft der Menschen gilt nicht mehr im Vergleich mit dem Unendlichen als das kleine leuchtende Auge eines deiner Tiere. Gott gewährt gleiche Gunst dem Sandkorn wie dem Kaiser. Ebenso sündlos wie das Gold unter der Erde reift, denkt der Mönch im Kloster nach. Ein Teil der Welt ist so schuldig wie der andere, wenn sie vom Pfad der Tugend abweichen; denn sie stammen von Ihm. In seinen Augen gibt es weder Steine, noch Pflanzen, noch Tiere, noch Menschen, sondern nur Geschöpfe. Ich sehe all die weißen Köpfe, die deine Wellen krönen und die in dein Wasser tauchen; sie springen nur eine Sekunde in das Licht der Sonne und sie können verdammt oder erlöst sein. Ein sehr hohes Alter verringert den Ehrgeiz und klärt die Religion ab. Ich habe ebensoviel Mitleid mit dieser kleinen Muschel, wie mit mir selbst.

Deshalb klage ich dich an, mörderisches Meer, daß du meine kleinen Kinder verschlungen hast. Denke an den asiatischen König, der dich bestrafte. Aber er war kein hundertjähriger König. Er war nicht alt genug. Er konnte nicht die Dinge des Weltalls verstehen. Ich werde dich daher nicht bestrafen. Denn meine Klage und dein Rauschen würden zu gleicher Zeit vor den Füßen des Höchsten ersterben, wie das Geräusch deiner Tröpfchen zu meinen Füßen. O Mittelmeer, ich verzeihe dir und spreche dich los. Ich gebe dir die heilige Absolution. Ziehe hin und sündige nicht mehr. Ich bin, wie du, schuldig mancher Sünden, die ich nicht kenne. Du beichtest unaufhörlich am Strande mit deinen tausend seufzenden Lippen und ich beichte dir, großes, heiliges Meer, mit meinen welken Lippen. Wir beichten einer dem andern. Sprich mich los und ich spreche dich los. Laß uns zurückkehren zur Unwissenheit und Reinheit. Amen.

Was soll ich auf Erden tun? Ein Sühnedenkmal wird errichtet werden, ein Denkmal für den Glauben, der nicht weiß. Die Zeiten, die nach uns kommen, sollen von unserer Frömmigkeit wissen und nicht verzweifeln. Gott führte die kleinen Kinder, die das Kreuz genommen hatten, durch die heilige Sünde des Meeres zu sich; Unschuldige wurden hingemordet; die Körper der Unschuldigen werden ihre Ruhestätte haben. Sieben Schiffe scheiterten auf dem Riff von Reclus; ich werde auf dieser Insel eine Kirche „Zu den Neuen Unschuldigen Kindlein" erbauen und zwölf Priester einsetzen. Und du, unschuldiges, geweihtes Meer, wirst mir die Körper meiner Kinder wiedergeben; du wirst sie an den Strand der Insel tragen; und die Priester werden sie in den Grüften der Kirche bestatten und über ihnen werden sie ewige Lampen entzünden, in denen geweihte Öle brennen und sie werden den frommen Wallfahrern alle diese kleinen Gebeine zeigen, die hier in der Nacht liegen.